Selbstvertrauen Selbstbewusst werden und sein

Das Selbstbewusstsein und

Selbstwertgefühl stärken steigern und

aufbauen

Das Power Buch für Anfänger

Inhaltsverzeichnis

Vorwort

Ich wette, du wusstest nicht, dass die Menge an Liebe und Selbstwert, die du für dich empfindest, die Menge an Liebe und Respekt bestimmt, die andere Menschen für dich empfinden. Es ist vollkommen wahr. Denk darüber nach. Wenn du dich selbst nicht sehr magst, wie kannst du erwarten, dass die Leute dich mögen?

Das Problem ist, dass Du während Deines Lebens alle möglichen Informationen bekommen hast. Die Wahrheit ist jedoch, dass Selbstsucht und Selbstliebe zwei sehr unterschiedliche Dinge sind. Die anderen Hintergrundinformationen, die Du verwenden kannst, um Deinen Lebensstil zu bestimmen, sind Rückmeldungen von anderen. Die Gesellschaft weist den Menschen Etiketten zu.

Wir schauen auf deine Vergangenheit. Wir schauen auf die Dinge, die Du Dir für deine Zukunft wünschst. Die Schritte sind einfach, aber Du musst es ernst meinen mit dem Wunsch, glücklicher zu sein. Natürlich magst du sagen, dass jeder glücklich sein will, aber das Problem mit dieser Theorie ist, dass unglückliche Menschen dazu neigen, in diesem Raum zu bleiben, bis sie aus ihm herausgerissen werden.

Dieses Buch soll Dir den Ruck geben, den Du brauchst, weil Du es wert bist. Wenn Du Dir die Seiten in diesem Buch durchliest, wirst Du in der Lage sein, Probleme zu sehen, die Dir gegenüberstehen, und lernen, wie Du Dich von ihnen distanzieren kannst. So verbesserst Du Dein Selbstwertgefühl, bis Du keinen Zweifel mehr daran haben wirst, wer Du bist. Du wirst selbstbewusst und wirst respektieren, wer du bist und was du bemerken wirst, ist, dass die Leute um dich herum anfangen, dich respektvoller zu behandeln. Nicht nur das, Du wirst deine Chancen erhöhen, Deine Träume zu erfüllen und positive Interaktion mit Menschen zu fördern.

Selbstvertrauen – schönes Wort, oder?! Hast Du, liebe/r Leser/in, den Wunsch, in Dich und Deine Kraft mehr Vertrauen zu haben? Ja? Das ist wunderbar, denn in diesem Buch werden wir uns ansehen, wieso du eventuell zu wenig davon hast und was Du unternehmen kannst, um Dein Selbstvertrauen zu stärken.

Und bitte sieh Dir auch den Unterschied zwischen einem Menschen mit gesundem Selbstvertrauen und einem Narzissten an. Es

geht hier nämlich nicht darum, nach der
Lektüre dieses Buches vor Eigenlob nur noch
so zu strotzen und augenscheinlich über alles
und jeden erhaben zu sein.

Gesundes Selbstvertrauen beinhaltet auch das
Wissen um die eigenen Schwächen und Makel
und einen positiven Umgang damit. Ein kleiner
Tipp noch, bevor es losgeht: Wenn Du dieses
Buch nur lesen, aber nicht aktiv „mitgehen"
wirst, wird es Dir nicht mehr als ein paar
Aha-Effekte bescheren. Suche Dir die für Dich
passenden Übungen aus und studiere Dich und
Deine Reaktionen.

Auch Block und Stift sind gute Hilfsmittel, um
Dir immer wieder Fragen und Antworten zu
notieren. Nur, wenn Du Dir selbst auf die

Schliche kommst, kannst Du auch wirklich etwas verändern und Dich weiterentwickeln.

Was ist Selbstvertrauen?

Was genau zeichnet einen Menschen aus, der Vertrauen in sich selbst hat? Kennst Du vielleicht sogar jemanden, von dem Du sagen würdest, dass er ein gesundes Selbstvertrauen ausstrahlt?

Wenn ja, wie würdest Du diesen Menschen beschreiben? Sprich ihn doch mal darauf an und frage ihn nach seinem „Geheimnis". Solche Mitmenschen sind oft sehr inspirierende Gesprächspartner. In jedem Fall ist Selbstvertrauen ein Grundpfeiler für ein glückliches, selbstbestimmtes und leichtes Leben. Wobei „leicht" in diesem Kontext nicht bedeutet, dass keine Probleme mehr auftauchen, sondern eher ein von innerer Leichtigkeit geprägtes Leben gemeint ist.

Woran erkennt man einen Menschen mit Selbstvertrauen? Hier eine kleine Auflistung:

- Ein Mensch mit Selbstvertrauen traut sich Dinge zu, die er noch nie getan hat.

- Ein Mensch mit Selbstvertrauen ist bereit, Fehler zu machen.

- Ein Mensch mit Selbstvertrauen geht auch Risiken ein, um einen Traum zu verwirklichen.

- Ein Mensch mit Selbstvertrauen kennt seine Stärken und seine Schwächen.

- Ein Mensch mit Selbstvertrauen weiß um seine innere Kraft und die Dinge, die er bereits erfolgreich angepackt hat.

- Ein Mensch mit Selbstvertrauen ist in der Lage, offen auf fremde Menschen zuzugehen.

- Ein Mensch mit Selbstvertrauen kann seine Gefühle in einem angemessenen Rahmen zeigen, ohne sich dafür zu schämen.

Doch wieso braucht es Selbstvertrauen? Das ist eigentlich ganz banal: Wer kein Vertrauen in seine Talente, seine Gefühle und seine Kraft hat, der wird immer mit schwierigen Lebensaufgaben konfrontiert werden und keine Chance sehen, in die Selbstermächtigung zu gehen.

Außerdem ist ein gesundes Selbstvertrauen unbedingt vonnöten, wenn man sein Leben erfolgreich bestreiten möchte. Denn welcher Chef sollte einem Menschen, der sich selbst nichts zutraut, einen Job anbieten?

Und welcher Partner oder Freund sollte einem Vertrauen entgegenbringen, wenn man sich selbst nicht vertraut? Es gibt keinen

Lebensbereich, in dem man auch ohne Selbstvertrauen gut vorankommt.

Egal, ob es sich um den Beruf, die Familie, Kindererziehung, Paarbeziehung, Freundschaften oder Krisen handelt – ohne Selbstvertrauen steht man relativ schnell relativ blöd da. Es fehlt dann schlicht der Mut, sich den Dingen zu stellen und auch Rückschläge hinzunehmen. Natürlich gehört zum Selbstvertrauen auch die Selbstliebe.

Denn nur, wer sich selbst von Herzen gerne mag und sein eigener bester Freund ist, der kann seinen Lebensweg mutig gehen.

Sehen wir uns nun an einigen Beispielen ganz praktisch an, was Selbstvertrauen im Alltag

bedeutet und was passiert, wenn
Selbstvertrauen fehlt:

- In der Paarbeziehung:

  Ein Mensch mit gesundem
  Selbstvertrauen und einer gut
  entwickelten Selbstliebe kann mit
  Konflikten innerhalb seiner Beziehung
  angemessen umgehen. Wenn der
  Partner verstimmt oder distanziert ist,
  löst dies in einem Menschen mit
  gesundem Selbstvertrauen keine
  panische Reaktion aus.

  Er fühlt sich weiterhin sicher in seinem
  Leben und vertraut darauf, dass er auch
  durch schwierige Zeiten gehen kann.
  Zudem kann er dem Partner gegenüber
  offen bleiben und ist bereit für
  (Konflikt-)Gespräche. Ein Mensch, der
  kein Selbstvertrauen hat, wird bei einer
  (eventuell überraschenden)

Distanzierung des Partners sofort
unsicher und sucht die Schuld bei sich.

Er fühlt sich in Folge dessen getrieben,
die Ursache herauszufinden und den
Partner wieder emotional an sich zu
binden. Auch neigen Menschen ohne
Selbstvertrauen dazu, sich
Verantwortlichkeiten „aufzuladen“, die
nicht zu ihnen gehören. Sie lassen sich
schneller die Schuld für Konflikte geben,
weil sie Angst davor haben, gemieden
oder verlassen zu werden.

Deshalb ist eine Beziehung für einen
Menschen mit Selbstvertrauen
wesentlich einfacher zu handeln. Er
steht zu sich und seinen Eigenheiten
und ist auch bereit, sich zu ändern.

- In der Kindererziehung:

  Für Kinder ist es ausgesprochen wichtig, sogar elementar, dass sie einen Erwachsenen um sich haben, der sich seiner selbst bewusst ist. Ein Vater oder eine Mutter, der/die über ein gesundes Maß an Selbstvertrauen verfügt, gibt dies automatisch an die Kinder weiter.

Deshalb sagte bereits Karl Valentin „Wir brauchen unsere Kinder nicht zu erziehen, sie machen uns sowieso alles nach". Und Recht hatte er. Wer Selbstvertrauen spürt, der lebt diese Haltung auch seinen Kindern vor, sodass diese ein Gefühl für ihren Wert als Mensch bekommen können und sich berechtigt fühlen, ihre Gefühle zu äußern.

Dazu gehört auch, Kindern Grenzen aufzuzeigen und diese liebevoll und konsequent zu setzen. Wenn eine Mutter zum Beispiel einen Mangel an Selbstvertrauen aufweist und sich deshalb nicht traut, ihren eigenen Weg zu gehen, dann wird sich ihr Kind dies abschauen. Zudem wird die Mutter ihre Angst vor Fehlern auch auf ihr Kind projizieren, sodass dieses dann weder auf Bäume klettern noch alleine mit dem Fahrrad um den Block fahren darf.

Sätze wie „Das kannst Du nicht!" prägen ein Kind und werden ihm unnötige Steine in den (Lebens-)Weg legen. Auch die Angst von Eltern, alles in der Erziehung falsch zu machen, wird eine Auswirkung auf ihre Kinder haben. Ein Vater ohne Selbstvertrauen kann keine Grenzen setzen, wenn er innerlich

zweifelt, ob er nicht doch falsch handelt.
Diese Unsicherheit spüren Kinder
immer (!) und sie ist das Gegenteil von
dem, was sie brauchen.

- Im Beruf:
Ein Mitarbeiter mit Selbstvertrauen ist
immer gern gesehen bei Vorgesetzten.
Denn er nimmt auch
Herausforderungen an, die er bisher
nicht hatte und steht für eine ehrliche
Kommunikation zur Verfügung. Er muss
nicht „katzbuckeln“, denn er steht für
sich ein und hat Power. Außerdem hat
ein Mensch mit Selbstvertrauen kein
Problem damit, sich Hilfe zu holen oder
zuzugeben, dass er bei einer Sache nicht
weiterkommt.

Und auch bei der beruflichen Weiterentwicklung haben es Menschen mit genügend Selbstvertrauen wesentlich leichter, weil sie sich zutrauen, neue und ungewohnte Aufgaben zu managen. Im Gegensatz dazu sind unsichere Mitarbeiter oft gehemmt, wenn Sie mit Kunden in Kontakt kommen. Auch der Kontakt mit Chefs fällt ihnen nicht leicht, denn sie zweifeln sehr schnell an sich und ihren Fähigkeiten.

Deshalb ist es für Menschen ohne Selbstvertrauen schwierig, beruflich in neue Sphären aufzusteigen oder den Job zu wechseln, wenn sie in einer Firma oder Branche unglücklich sind. Ihnen steht immerzu eine undefinierbare Angst im Wege, die sie hindert, das zu tun, was sie gerne tun.

- In Freundschaftsbeziehungen:
Auch unter Freunden lebt es sich besser,
wenn man ein gutes Selbstbewusstsein
hat. Hier verhält es sich ähnlich wie in
Paarbeziehungen, wenn es um Konflikte
geht. Auch Eifersucht kann in
Freundschaften eine Rolle spielen.

Wenn zum Beispiel der beste Freund
keine Lust auf einen Kaffee hat und sich
stattdessen lieber mit jemand anderem
zum Tennis verabredet, verunsichert das
anfällige Menschen sehr schnell. Dies
wiederum sorgt für Druck in einer
Freundschaft und beschwert sie unnötig.

Der eigene Mangel an Selbstvertrauen
schafft dann Distanz zu den Menschen,
die einem am nächsten stehen. Schade,
oder!? Ein Freund mit Selbstvertrauen

ist übrigens nicht nur gelassener,
sondern auch ein toller Ratgeber, denn
sein innerer Spielraum ist weit und er
kann auch mal unorthodoxe Tipps
geben.

Die Bedeutung der Selbstliebe:

Warum Du dieses Buch liest?

"Du kannst im gesamten Universum nach jemandem suchen, der Deine Liebe und Zuneigung mehr verdient als Du selbst aber diese Person ist nirgendwo zu finden. Du selbst, genauso wie jeder andere im ganzen Universum, verdienst Deine Liebe und Zuneigung."

-Buddha-

Selbstliebe wird nicht oft praktiziert, weil wir als Gesellschaft schon in jungen Jahren gelehrt wurden, immer anderen zu dienen, bevor wir uns selbst dienen. Aber welche Beweise müssen wir uns nun als Beispiel für die langfristigen Ergebnisse der letzten Selbstbestimmung geben? Wir sind oft überarbeitet, müde, überwältigt von Schuldgefühlen und Scham und erleben Angst und Stress bei dem bloßen Gedanken, den Erwartungen eines anderen nicht gerecht zu werden. Das schlimmste Gefühl auf der Welt ist es jemanden zu enttäuschen, der auf einen zählt.

Wir haben so Angst davor, diese Schuldgefühle zu erleben, dass wir uns ständig nach hinten beugen und uns bis zur äußersten Grenze drängen lassen, nur um in den Augen unseres Gegenübers erfolgreich und stark zu sein.

Wir haben die Idee und den Drang verloren,
uns zuerst auf Kosten unseres Wohlbefindens
und unserer körperlichen Gesundheit zu
kümmern. Heute ist Selbstliebe ein Begriff, der
häufig auf Social-Media-Sites herumgeworfen
wird, aber es fehlt ein Verständnis dafür, was
Eigenliebe wirklich ist.

Per Definition ist Selbstliebe die Zuneigung
oder Fürsorge für den eigenen Zustand des
Wohlbefindens und des Glücks. Akte der
Selbstliebe werden typischerweise als
selbstsüchtig oder sogar narzisstisch
betrachtet, ungeachtet der wahren Natur des
selbstverliebten Verhaltens. Wenn jedoch die
Menschen um uns herum und sogar wir
denken, dass es egoistisch ist, sich selbst an
erster Stelle zu stellen, warum dann Selbstliebe
praktizieren? Normalerweise ist es das
Richtige, zuerst die anderen zu betrachten und

die Bedürfnisse der Lieben vor die eigenen zu
stellen.

In der Theorie klingt dieses selbstlose
Verhalten sehr gut. Es gibt jedoch das Problem,
Deine eigenen Bedürfnisse zu vernachlässigen,
nur um anderen unterwürfig zu sein,
unabhängig davon, ob Du Dein authentisches
Selbst bist oder nicht. Dein authentisches
Selbst ist die echte und wahre Version dessen,
wer Du wirklich bist.

Oft ändern wir unser Verhalten, unsere
Wünsche und Bedürfnisse, um das Verlangen
anderer zu befriedigen. Das sind Handlungen
gegen unser wahres Selbst, die häufig zu
aufgebautem Groll führen. Solange Du
fortfährst, Deine Bedürfnisse zu
vernachlässigen, wirst Du niemals in der Lage
sein, authentisch zu werden.

Wenn Du Dich wirklich um Dich selbst kümmerst, führt dies zu der Fähigkeit, Deinen Angehörigen mehr zu geben. Als Ergebnis wirst Du stärker, freundlicher und hast mehr Energie und Leidenschaft.

Beispiel: Verwende die folgende Situation als ein Beispiel für das Üben von Selbstliebe, um Dir selbst gegenüber aufrichtig zu sein. Wenn das Auto Deines Freundes am Straßenrand liegen geblieben ist und diese Person braucht Dich, um das Auto abzuschleppen; es gibt aber nur ein Kanister Benzin - Ihr beide fahrt auf Reserve. Wem wirst Du nun den benötigten Sprit einfüllen?

Du kannst das Auto nicht abschleppen ohne Sprit im Tank. Die Vorstellung, sich selbst zuerst zu stellen, erzeugt ein Gefühl von einer selbstsüchtigen Handlung und das genaue Gegenteil dessen, was Selbstliebe wirklich ist.

Andere an erster Stelle zu stellen, ist aber in der Tat egoistischer als, wenn Du Dir selbst treu bleibst.

Fülle Deinen Tank zuerst um stark zu sein anderen wirklich zu helfen und gut zu behandeln. Wenn Du selbst einen leeren Tank hast, kommst Du nicht vom Fleck und Deine Mitmenschen fahren ohne Dich weiter.

Du solltest auf Dich selbst aufpassen, damit Du, wenn Du in die Lage kommst anderen zu helfen, die beste und authentischste Version von Dir selbst besitzt.

Selbstliebe ermöglicht es Dir, langfristige Vorteile aufzubauen, die für Dich und Deine Mitmenschen nützlich sind, damit Du immer Dein Bestes gibst.

Was wir über uns selbst denken, kann und wird sich auf unsere Gefühle auswirken und gleichzeitig auf die Art, wie andere Menschen uns behandeln.

Wer sich selbst liebt, bekommt auch die Gabe andere zu Lieben und somit das Gefühl zurück selbst geliebt zu werden. Ein Kreislauf, der bei der Selbstliebe beginnt.

Durch die bewusste Entscheidung der Selbstliebe und für ein glückliches Leben, beginnt dieses war zu werden ab der ersten Sekunde.

Gründe für mangelndes Vertrauen in sich selbst

Wie so oft, sind auch beim Thema mangelndes Selbstvertrauen die Gründe in der Kindheit und der damit einhergehenden Konditionierung zu finden. Kinder benötigen starke Eltern, wie bereits oben beschrieben, die ihnen ein Vertrauen in das Leben und in sich selbst vorleben und somit weitergeben. Welche Sätze sind Dir von Deinen Eltern in Erinnerung geblieben?

Wie haben Deine Eltern und Dein gesamtes kindliches Umfeld die Stimme in Deinem Kopf konditioniert? Hast Du eine stärkende, wohlwollende und bedürfnisorientierte Erziehung genossen? Oder wurdest Du oft kritisiert, abwertet, überfordert oder manipuliert? Die wenigsten Menschen können über sich sagen, dass sie eine stärkende Erziehung erlebt haben, in der auf ihre Gefühle und Bedürfnisse eingegangen wurde.

Dieser Umstand ist relativ logisch, sieht man sich die vor uns lebenden Generationen und ihre Lebensumstände genauer an. Unsere Großeltern und Eltern lebten während oder nach dem Krieg und wurden davon massiv geprägt.

Heute leben wir durch den langanhaltenden Frieden und den relativ hohen Lebensstandard in einer Zeit, in der man sich erlauben kann, sich vermehrt mit seinem Innenleben zu beschäftigen. Unsere Generation hat äußerlich alles, was man braucht.

Dafür können wir sehr dankbar sein. Überlege mal: Deine Eltern oder Großeltern hatten schlichtweg nicht den inneren Spielraum, um sich über Erziehung oder psychische Gesundheit großartig Gedanken zu machen. Sie waren mit Überleben beschäftigt. Und sollten Deine Eltern auch einige Jahre oder Jahrzehnte nach dem Krieg geboren worden sein, wurden sie trotzdem von der Generation großgezogen, die den Krieg miterlebt hat.

Die meisten Familien tragen schwere Schicksale mit sich herum, deren Schmerz unbewusst weitervererbt wird, bis ein

Familienmitglied kommt, das die alten
Prinzipien infrage stellt.

Natürlich funktioniert Kindererziehung aus
Sicht eines Erwachsenen sehr gut, wenn man
Kindern droht, sie „klein hält", manipuliert
oder abwertet. Doch diese Mechanismen sind
ein alter Schuh und werden glücklicherweise
von immer mehr Menschen transformiert.

Auch die gesamtgesellschaftlichen
Veränderungen spielen eine erhebliche Rolle,
gerade wenn es um das Selbstvertrauen von
Frauen geht. Frauen wurden lange Zeit dem
Mann allgemein untergeordnet. Denken wir
nur daran, dass die innereheliche
Vergewaltigung erst seit 1997 rechtlich in
unserem Land als Straftat angesehen wird.

Bis zum Jahre 1969 wurden Frauen in Deutschland nicht als geschäftsfähig angesehen, was zum Beispiel zur Folge hatte, dass ein Ehemann selbstverständlich die Bankgeschäfte für seine Frau übernahm. Und erst seit 1976 ist es Frauen per Gesetz erlaubt, neben der Kindererziehung auch ein berufliches Leben zu führen, wenn sie dies möchte.

Es ist also nachvollziehbar, dass es besonders für Frauen heute noch schwer ist, Selbstvertrauen zu spüren und für die eigenen Bedürfnisse einzustehen.

Der frühere gesellschaftliche Status einer Frau wurde von der damals lebenden Generation als normal angesehen, es war ebenso wie es war. Und die Kinder dieser Menschen haben es ebenso als normal angesehen, dass die Mutter

weniger zu sagen hat und der Vater der Chef im
Haus ist.

Unterordnung ist hier das Stichwort. Daher
haben Frauen heute noch einen tendenziell
steinigeren Weg, wenn sie sich ein gesundes
Selbstvertrauen aufbauen möchten.

Doch zurück zu der inneren Stimme: Hast Du
Dir ein paar Sätze aufgeschrieben, die Dich und
Dein Selbstwertgefühl beeinflusst haben? Hier
können Aussagen wie:

- „Das schaffst Du sowieso nicht!",
- „Du bist dumm, das wissen wir ja.",
- „Bin ich froh, wenn Du aus dem Haus
  bist..." oder
- „War ja klar, dass es wieder nicht
  funktioniert." sein.

Auch Erziehungsmethoden wie Druck („Wenn Du nicht…, dann…") oder Manipulation („Wenn Du anders wärst, wäre ich eine glücklichere Mutter…") sorgen dafür, dass ein Kind kein gesundes Selbstvertrauen aufbauen kann. Woher soll es die innere Kraft spüren, die es benötigt, um sich seiner Möglichkeiten und Talente bewusst zu werden?

Vielleicht hattest Du aber auch Eltern, die Dich bestärkt haben (die gibt's ja durchaus auch), mit Sätzen wie:

- „Ich weiß, dass Du das schaffen wirst.",
- „Es ist schön, dass es Dich gibt.",
- „Du bist ein toller Mensch!" oder
- „Ich glaube an Dich, egal was passiert."

Wurdest Du auf eine solche Art in Deiner Kindheit begleitet, würdest Du aber wahrscheinlich nicht dieses Buch lesen. Gehen wir also nun davon aus, dass Du eher negativ wirkende Aussagen über Dich selbst von Deinen Eltern übernommen hast. Dann kann es passieren, dass Du niemals den Beruf gewählt hast, den Du eigentlich gerne machen wolltest, weil Du davon ausgegangen bist, dass Dir sowieso das Zeug dazu fehlt.

So viele Menschen leben unter ihren Möglichkeiten, weil sie immer noch an die Bewertungen ihrer Eltern glauben. Und das gilt nicht nur für den Beruf, es erstreckt sich auch auf die Hobbywahl, die Partnerwahl und das gesamte Denken.

Ein Beispiel: Ein Sohn wird von seinem Vater regelmäßig abgewertet und generell als nicht intelligent genug eingestuft. Der Vater stellt alles, was der Junge erzählt infrage. Wenn das Kind erzählt, dass es einmal Professor werden will, wird es mit Sätzen wie „Dafür musst Du aber noch ganz schön viel lernen, und so wie ich Dich kenne, schaffst Du das nicht." ausgebremst.

Wird diese Art der Kommunikation zum Muster, wird aus einem freudigen, neugierigen und enthusiastischen Jungen ein vorsichtiger, unsicherer und unmotivierter junger Mann. Er übernimmt automatisch die Gedanken des Vaters. Nun kann es sein, wenn er seine Kindheit nie aufarbeitet, dass er mit 45 Jahren immer noch der Ansicht ist, dass er dumm ist.

Es kann sein, dass er nie das Selbstvertrauen entwickelt hat, das ihm erlauben würde, mehr

aus seinem Leben zu machen und glücklich zu
sein.

Wie auch immer Du groß geworden bist, was
auch immer Du für Glaubenssätze von Deinen
Eltern übernommen hast: Du darfst sie
abstreifen. Mache Dich neugierig auf den Weg
und überprüfe, was davon stimmt und wie
diese Gedankenmuster Dein heutiges Leben als
Erwachsene/r leitet.

Es ist, je nachdem, wie viel alten Ballast Du mit
Dir herumträgst, lang- oder kurzfristig
möglich, Dich davon zu befreien und Deine
eigenen Maßstäbe auf Dich, Dein Leben und
Deine Ziele anzulegen.

Was ist Narzissmus?

Narzissmus hat nichts mehr mit einem gesunden Selbstvertrauen zu tun. Doch die Grenzen können manchmal schwer definierbar sein, weshalb wir uns kurz den Unterschied zwischen Selbstvertrauen und Narzissmus ansehen wollen.

Kennst Du Menschen, die immer recht laut an einem Ort auftauchen? Menschen, die eine gut wahrnehmbare Stimme und eine stark wirkende, manchmal einschüchternde Präsenz haben? Menschen, die offenbar ein sehr großes Selbstvertrauen besitzen und die Du eventuell sogar um ihre Offenheit und Stärke beneidest?

Es könnte sein, dass dieser Mensch, den Du für besonders beneidenswert hältst, in Wahrheit seine innere Unsicherheit überkompensiert, indem er in übertriebenem Maße laut und stark auftritt. Diese Persönlichkeitsstörung nennt man in Fachkreisen Narzissmus. Doch wodurch kannst Du unterscheiden, ob ein selbstbewusster Mensch oder ein Narzisst vor Dir steht?

Ganz einfach: Im vorangegangenen Kapitel haben wir bereits gelernt, dass ein Mensch mit gesundem Selbstvertrauen unabhängig von Bewertungen von außen ist, denn er weiß um seine Stärken und Schwächen und seinen Wert.

Ein Narzisst hingegen ist sehr abhängig davon, dass die Außenwelt ihn bewundert oder sogar von ihm eingeschüchtert ist. Er braucht diesen Zustand, um sich größer und wertvoller zu fühlen als andere.

Es ist also nicht unbedingt sofort von außen ersichtlich, ob jemand selbstbewusst oder narzisstisch ist. Doch wenn Du auf Dein Gefühl hörst, wirst Du recht schnell merken, ob Dein Gegenüber ein gesundes Selbstvertrauen sein Eigen nennt, oder ob es narzisstische Züge aufweist.

Ein Beispiel: Der neue Kollege kommt ins Büro. Ist er ein Mensch mit Selbstvertrauen, wird er offen und freundlich grüßen, sich vorstellen und erst einmal seinen Platz im betrieblichen Gefüge suchen. Er bleibt also zurückhaltend, ohne sich zu verstecken.

Ein Narzisst kommt in einer solchen Situation lautstark an seinen neuen Arbeitsplatz, macht darauf aufmerksam, dass er nun auch hier ist und wird sich höchstwahrscheinlich mit scheinbar witzigen Kommentaren und

Verhaltensweisen (gerne auf Kosten anderer)
die Bewunderung seiner neuen Kollegen
sichern wollen.

Es kann auch sein, dass er gegenteilig auftritt
und eher schlecht gelaunt, genervt und/oder
besserwisserisch auf sich aufmerksam macht.

In diesem Fall möchte er sich mittels scheinbar
größerem Wissen über die Kollegen erheben.
Übrigens neigen Narzissten auch sehr dazu,
ihre Schwächen abzustreiten und können mit
Kritik sehr schlecht umgehen.

Sie überschätzen oftmals ihre Fähigkeiten und
lassen sich nicht von anderen Meinungen
beeinflussen – was bedauerlicherweise nichts
mit Selbstvertrauen, sondern mit
Kritikunfähigkeit zu tun hat. Einem Narzissten
fehlt die Fähigkeit zur Selbstreflexion, was ihn

maßgeblich von einem Menschen mit gesundem Selbstvertrauen unterscheidet.

Narzissten werden von den meisten ihrer Mitmenschen als unangenehm empfunden. Höre also auf Dein Gefühl und lass Dir nicht von eventuellen Vorbildern ein Selbstvertrauen vorgaukeln, dass in Wahrheit eine große und überspielte Unsicherheit ist. Damit gewinnst Du nichts für Dich und Deinen Weg, sondern eiferst eventuell nur jemandem nach, der gar kein Vorbild in Sachen Selbstvertrauen sein kann.

Wissenschaftliche Studien

Studie 1

An der Universität Basel haben 2 Forscher eine interessante Studie zum Thema "Entwicklung des Selbstwerts zwischen 14 und 30 Jahren" durchgeführt.

Das Ziel von Ruth Yasemin Erol und Ulrich Orth war es, herauszufinden, wie sich das Selbstwertgefühl über die Zeit hinweg entwickelt und verändert.

Dabei galt es auch zu untersuchen, welche Eigenschaften die Entwicklung des Selbstwerts der Teilnehmer, positiv beeinflussen.

Es wurde erwartet, dass der Selbstwert kontinuierlich steigen würde, je älter die Probanden werden würden.
So ging es zumindest aus vergangenen Studien bisher hervor.
Die Studie selbst basierte auf 7100 Teilnehmern, die zwischen 14 und 30 Jahre alt waren. Frauen, sowie Männer. Die Studie ging von 1994 bis 2008.

Die erste Erkenntnis war es, dass der Selbstwert im Jugendalter mit der Zeit ansteigt und später im Erwachsenenalter weiter leicht zunimmt.

Weiterhin wurde festgestellt, dass es keine Unterschiede des angeborenen Selbstwerts zwischen Frauen und Männern gab. Dies war bis dato der weitläufige Glaube, man nahm an, dass Männer von Grund auf mehr Selbstwert besitzen.

Zum Test gehörten auch folgende 5 Persönlichkeitsmerkmale und wie sie den Selbstwert beeinflussen:

➢ Freundlichkeit

➢ Gewissenhaftigkeit

➢ Extravertiertheit

➢ Offenheit

➢ Neurotizismus

Zusätzlich wurden auch noch folgende Merkmale der Probanden beobachtet:

➢ Die Bereitschaft, Risiken einzugehen

➢Das Gefühl, Dinge erreichen zu können

➢Herkunft

➢Gesundheit

➢Einkommen

Es wurden Faktoren getestet, bei denen angenommen wurde, sie hätten Einfluss auf den Selbstwert.

Wenn man diese Zusammenhänge kenne, könnte man Lösungsansätze entwickeln, um das Selbstwertgefühl und das Selbstbewusstsein gezielt zu stärken, so Erol

Die Resultate der Studie waren Überraschenderweise, dass es keine signifikanten Unterschiede im Selbstwert zwischen Mann und Frau gab. (Wie oben schon erwähnt).

Weiterhin, war das Gefühl, das Leben in der Hand zu haben, einer der stärksten Faktoren für ein starkes Selbstwertgefühl.

Weitere starke Faktoren waren Extravertiertheit, Stabilität und Gewissenhaftigkeit.

Überraschenderweise hatte das Einkommenslevel der Probanden, keinen Einfluss auf den Selbstwert, weder im Jugendalter noch im Erwachsenenalter.

"Die derzeitige Forschung zeigt, dass speziell emotionale Stabilität, Extravertiertheit, Gewissenhaftigkeit und das Gefühl, das Leben im Griff zu haben sehr wichtige Indikatoren für einen gesunden Selbstwert im Jugend wie auch Erwachsenenalter sind. – R. Y. Erol"

Studie 2

Wer an sich glaubt, schneidet tendenziell bei Prüfungen besser ab.

Dies ergab eine Studie des Psychologie-Professors Ulrich Weger der Universität Witten/Herdecke.

Für die Studie wurde mit 40 Probanden ein Allgemeinwissenstest durchgeführt.

Das Besondere dabei war, dass die Hälfte unvorbereitet in den Test geschickt wurden und die andere Hälfte bekam vermeintliche Lösungen in schneller Abfolge auf einen Bildschirm präsentiert.

Dies sollte ein Gefühl von Unterstützung erzeugen. Nämlich waren die vermeintlichen Lösungen völlig zufällig gewählte Worte.

Somit hatten die Probanden ein Gefühl von Sicherheit und das Unterbewusstsein wurde gestärkt, in Hinsicht auf den zu erwartenden Test.

Weger verglich diesen Versuch, mit dem aus der Medizin bekannten Placebo-Effekt.

Die Resultate waren tatsächlich beeinflusst. Somit schnitt die vorbereitete Gruppen von Probanden besser ab im Wissenstest als die unvorbereitete Gruppe.

Nun zeigte sich, dass die Probanden, an denen das Experiment durchgeführt wurde, die Antworten im Durchschnitt zu 9,9 lösten.

Die Kontrollgruppe dagegen schaffte im Durchschnitt nur 8,4 Antworten.

Weger erklärt, dass der Unterschied in der Stärkung des Selbstvertrauens der Probanden in die eigenen Fähigkeiten lag.

Das Wissen wurde nicht verbessert, aber das Gefühl der Unterstützung, so Weger.

Die Leistung habe sich tatsächlich verbessert, da sich die Personen mehr angestrengt haben, besser ihre Ängste überwinden konnten und besser überlegt haben. Sie waren in der Lage, das vorhandene Wissen besser abrufen zu können und dadurch hat sich die Leistung tatsächlich verbessert, so Weger.

Merke: Diese Studien zeigen sehr gut, wie wir durch einfachste Selbstmanipulation bzw. durch Training und Übungen den eigenen Selbstwert verändern und verbessern können.

Alles Kopfsache und eine Frage der Betrachtung jeder einzelnen Person.

Die Hauptmoral und Erkenntnis für Dich ist hier ganz klar, dass man, indem man sich etwas einredet, direkt unterbewusst auch dementsprechend verhält.

<u>Beispielübung:</u> Richte Dich auf und strecke Dein Rücken durch. Die Schultern zurückziehen und die Arme seitlich weg strecken, als hättest Du jeweils einen Tennisball unter den Achseln. Kopf und Nase noch oben strecken. Nun müsstest Du komplett übertrieben aufgebläht dastehen.

Bleibe so für 30 Sekunden und sage Dir in dieser Zeit immer wieder. "Ich bin der Beste", "keiner ist besser als ich", " ich habe mehr Selbstvertrauen als jeder andere".

Dadurch, dass Du diese Urhaltung des Großmachens und Stärke zeigen eingenommen hast und durch Überzeugung untermalt hast, wird automatisch das Unterbewusstsein stimuliert und angesprochen, sich in einen dominanten Gefühlszustand zu versetzen.

Du kennst sicher das Sprichwort, "der Glaube versetzt Berge".

Wer es nicht in sich hat unterbewusst und automatisch an sich zu glauben, wie es bei Selbstbewussten und starken Menschen vorkommt, der muss sich einfach bewusst einreden etwas zu können oder zu sein, um somit sein Unterbewusstsein daraufhin zu stimulieren und zu trainieren.

Das hört sich banal und aus der Luft gegriffen an, aber es ist tatsächlich in vielen Studien positiv getestet worden. Leider würden all diese Studien den Rahmen dieses Buchs sprengen.

<u>Eine Übung habe ich trotzdem noch:</u>
(Meine Lieblingsübung)

Eine Übung zum Thema glücklich sein bzw.
um die eigene Stimmung aufzuhellen.
Es klingt nun erst einmal wieder zu banal, um
wahr zu sein. Du möchtest fröhlicher sein und
aus einer drückenden Stimmung
herausfinden? Dann spiel doch einfach
Deinem Unterbewusstsein (Kopf) vor, Du
wärst fröhlich.

Und zwar: Nehme als Erstes wieder eine
offene Körperhaltung ein. Offen bedeutet, den
Körper offenlegen, indem man die Hände nach
außen streckt und die Handflächen öffnet.
Solltest Du geknickt sitzen oder stehen, dann
mach den Rücken und die Schultern gerade.

Nun versuche so stark wie möglich zu grinsen.
Ziehe Deine Backen nach oben und versuche

bis zu den Ohren zu grinsen. Verweile wieder
mindestens 30 Sekunden in diesem Zustand.

Versuche bei dieser Übung alleine zu sein,
denn es sieht sicherlich bei Dir genauso Doof
aus, wie bei mir.

Durch das Grinsen werden die Nervenenden
im Gesicht stimuliert, die auch bei einem
echten Lachen oder Grinsen aktiviert werden.

Natürlich merkt der Verstand am Anfang, dass
diese Mimik mit Absicht provoziert wird, aber je
länger Du das durchhältst, umso mehr werden
die Nervenenden stimuliert und umso mehr
beginnt der Körper Glückshormone
auszuschütten und umso mehr nimmt das
Unterbewusstsein diesen Zustand an.

Diese Übungen der Selbsteinredung und der Beeinflussung des Unterbewusstseins sind die Grundpfeiler, um zu beginnen, sein eigenes Bewusstsein über einen selbst zu verändern.

Der Glaube ist alles. Versuche ab jetzt immer daran zu denken, immer wenn Du dieses Stechen spürst, dass Du nichts Wert bist oder zu dumm etwas zu meistern. (Diese Worte hören sich hart an, aber genauso fühlt man sich eben manchmal in gewissen Situationen, oder?) Dann richte Dich auf und rede Dir genau das ein, was Du in dieser Situation sein willst oder meistern willst.

Du kannst alles schaffen, was Du willst und niemand kann und wird daran etwas ändern können!

Praktische Übungen für mehr Selbstvertrauen

Um zu einem besseren Selbstvertrauen zu gelangen, ist es natürlich zweckmäßig und sinnvoll, Dir die inneren Barrieren anzusehen, die Dich davon abhalten.

Das haben wir nun eingehend angesprochen. Es ist immer vonnöten, sich die Gründe für den Mangel an Selbstvertrauen anzusehen und zu verarbeiten, denn sonst wirst Du Dich in einer Ich-bescheiße-mich-selbst-Schleife wiederfinden. Sicher hast Du schon verschiedene Methoden ausprobiert, wie zum

Beispiel das allseits bekannte positive Denken oder die Arbeit mit positiven Affirmationen.

Beide Übungen haben ihre Berechtigung und können sehr hilfreich sein, wenn Du mehr Selbstvertrauen entwickeln möchtest. Doch solange Du nicht weißt, woher Deine Unsicherheiten oder Ängste kommen und diese Dir nicht bewusst sind, arbeitest Du permanent gegen Deine innere Überzeugung und das führt zu – genau, Du hast es erraten: nichts.

Ein Beispiel: Wenn ein Mensch sehr unsicher ist und immer mit Ängsten zu tun hat, traut er sich im Alltag wenig oder nichts zu und umgeht alle Herausforderungen seines Lebens.

Nun versucht diese Person bei der bevorstehenden Prüfung, sich Affirmationen wie beispielsweise „Ich bestehe die Prüfung erfolgreich." zu sagen.

Diesen Satz redet sich die Person in der Endlosschleife ein, die Affirmation findet also im Kopf statt. Der Bauch (oder das Herz, egal wie Du es nennen magst) grummelt aber vor sich hin und sagt „Ich hab' Schiss! Ich schaffe das nicht! Ich werde versagen!".

Wer glaubst Du, wird stärker sein? Kopf oder Bauch? Ganz einfach: Der Bauch wird gewinnen, er wird die Oberhand behalten und damit für ein schlechtes Gefühl und erheblichen Stress sorgen.

Das ist dadurch zu erklären, dass der Gedanke, den die Person bereits ihr ganzes Leben lang über sich denkt, lautet „Ich schaffe es nicht". Dieser Glaubenssatz ist tief verankert im

Bewusstsein, scheinbar tausendfach belegt und lässt sich nicht durch eine simple gegensätzliche Aussage vertreiben.

Ist diesem Menschen aber nun durch die innere Arbeit bewusst geworden, dass er so über sich denkt, weil er in diese Richtung konditioniert wurde, kann er sich bewusst davon distanzieren und eine andere Art der Selbstbewertung vornehmen.

Dann wirkt die Affirmation „Ich bestehe die Prüfung erfolgreich". Warum? Weil der alte Glaubenssatz beachtet, angesehen und bewusst beiseite gelegt wurde.

Nur so ist Platz für ein neues Denken, neue Überzeugungen und Denkmuster. Alles andere fühlt sich an wie Selbstbetrug.

Ist Dir dies bewusst, macht es natürlich Sinn, durch ganz praktische Alltagsübungen herauszufinden, was wirklich in Dir steckt. Menschen lernen durch Erfahrungen und je mehr Begeisterung dabei vorhanden ist, desto stärker prägt ein Lerneffekt das Gedächtnis und das emotionale Bewusstsein.

Mit den folgenden Übungen kannst Du also für neue Erfahrungen sorgen, die neue Denkmuster unterstützen, und wirst immer wieder feststellen, wie kraft- und machtvoll Du in Wahrheit bist.

Du kannst Dich frei machen von alten Denkmustern und in die Selbstermächtigung gehen. Möglicherweise sprechen Dich nicht alle hier aufgelisteten Übungen an.

Das ist völlig in Ordnung, Du machst einfach zunächst diejenigen, die sich für Dich gut anfühlen. Nach einer Weile, wenn Du Dich schon stärker fühlst, bist Du auch herzlich eingeladen, die Übungen auszuprobieren, die Dir vielleicht Angst machen.

Nur durch das Verlassen Deiner Komfortzone wirst Du weitere Schritte in Richtung Selbstvertrauen gehen können. Überfordere Dich nicht, fordere Dich aber immer wieder selbst heraus. Hilfreich ist bei allen Übungen auch ein kleines „Selbstvertrauen-Tagebuch". Dort schreibst Du stichpunktartig

- die einzelnen Übungen auf,
- wann und wo Du sie ausprobiert hast,

- wie Du Dich dabei gefühlt hast (auch das alte Denkmuster darf aufgeschrieben werden!) und
- was am Ende für Dich dabei herauskam (Spaß, engere Beziehungen, Mut, Erfolg usw.).

Nach einiger Zeit hast Du schwarz auf weiß, wie viel Du bereits geschafft hast. Dies ist eine wunderbar stärkende Motivationsquelle, wenn Du Dich wieder einmal in einem Loch befindest, das Dich glauben lässt, dass Du sowieso ungenügend bist.

Viel Spaß dabei!

➤Sprich mit Deinem besten Freund oder Deiner besten Freundin. Auch die eigenen Eltern können hier hilfreich sein, wenn Ihr ein gutes Verhältnis habt. Gehe offen auf die jeweilige Person zu und erzähle von Deinem mangelnden Selbstvertrauen.

Lass Dir von dieser Person ehrlich sagen, welche Stärken Sie in Dir sieht. Stelle Fragen wie „Was magst Du besonders an mir?", „Wobei war ich schon hilfreich für Dich?", „Welche von mir erbrachte Leistung bewunderst Du?" oder „Was zählst Du zu meinen charakterlichen Stärken?". Schreibe alle Antworten auf und höre genau hin, was dieser Dir nahestehende Mensch über Dich sagt. Nimm ihn ernst und glaube ihm.

Wer in sich noch kein festes Fundament hat, auf das er aufbauen kann, der ist gut beraten, sich bei Vertrauenspersonen eine ordentliche Portion Ermutigung abzuholen. Dann tut es sehr gut zu wissen, dass es da draußen Personen gibt, die einen lieben, schätzen und unterstützen.

Und nebenbei wirst Du merken, wie wohltuend es für eine Beziehung ist, ehrlich zu sein und Deine Gefühle offen zu äußern. Es passiert nichts Schlimmes, es wird weder peinlich noch schmerzhaft sein, sondern im Gegenteil für Nähe sorgen.

➤**Achte auf Deine Körperhaltung.** Stell Dich vor den Spiegel und betrachte Dich für fünf Minuten. Wie sieht Dein Gesicht aus? Fröhlich? Offen? Verbittert? Verschlossen? Wie ist die Stellung Deiner Schultern? Rutschen sie

nach vorne und machen einen runden Rücken
oder streckt sich Deine Brust nach vorne und
oben, während die Schultern eher nach hinten
und unten gehen?

Stehst Du mit festen Füßen am Boden oder ist
Dein Stand eher wackelig? Überkreuzen sich
vielleicht sogar Deine Beine? Wo sind Deine
Hände? Was empfindest Du, wenn Du Dich
anschaust? Versuche nun, eine selbstbewusste
Körperhaltung einzunehmen: Blick geradeaus,
Schultern nach unten, hüftbreiter Stand,
Hände in die Hüften oder locken hängen
lassen.

Und: lächeln! Na, wie fühlst Du Dich jetzt?
Besser als zuvor? Prima! Achte in Zukunft
immer wieder während des Tages darauf, in
welcher Körperhaltung Du Dich bewegst. Und
immer, wenn Du feststellst, dass Du wieder

„geknickt" durchs Leben gehst, verändere die Körperspannung und richte Dich auf.

Hier sind auch Sportarten wie Yoga oder Pilates hervorragende Helfer, denn Du bekommst dabei ein viel besseres Gefühl für Deinen Körper im Allgemeinen und Deine Haltung im Besonderen.

Wer regelmäßig Yoga oder Ähnliches praktiziert, fördert automatisch eine aufgerichtete Körperhaltung und eine gesunde Spannung mit starken Muskeln. Ganz nebenbei bekommst Du ein besseres Gespür für Deine Emotionen, Deinen Geist und Deine Körperempfindungen.

➤**Fange an, zu meditieren.** Meditation für ein besseres Selbstvertrauen? Yes. Meditation ist eine wunderbare Möglichkeit, zu sich zu kommen und zu lernen, mit sich selbst allein zu sein.

Wer weiß, dass er sich selbst der beste Freund ist und gut mit sich allein sein kann, der wird automatisch stärker, weil er weniger abhängig von äußeren Erfolgen ist.

Solltest Du noch nie meditiert haben, beginne mit 10 Minuten pro Tag. Richte Dir ein Zimmer oder eine Ecke in der Wohnung ein, die Dir gefällt und die Ruhe ausstrahlt. Sorge dafür, dass Du ungestört bist (Handy aus, Türe zu, Musik oder Ähnliches abschalten). Du kannst dazu auch in den Wald gehen, wenn Du zu Hause keine Möglichkeit zur Ruhe hast. Setze Dich nun hin, schließe die Augen und atme.

Klingt easy und unspektakulär, ist aber eine der schwierigsten Übungen überhaupt.

Nichts tun - außer atmen. Um Deinen Geist etwas anzuleiten, kannst Du bei jedem Einatmen „Ein", und bei jedem Ausatmen „Aus" denken. Ansonsten wirst Du Dich in einem Gedankenstrudel wiederfinden, der alles Mögliche abarbeitet, weil im Außen gerade nichts mehr passiert. Dann hast Du zwar äußerlich keine Action, innerlich aber steppt der Bär.

Und wenn Du trotz der Atembeobachtung immer wieder an gestern, morgen oder sonst etwas denkst, hole Dich liebevoll zurück und konzentriere Dich wieder auf Deine Atmung. Es ist eine Übung, die lange praktiziert und wiederholt werden muss, bis sie einfacher wird.

Das Tolle daran ist, dass sie Dich stärkt und Dir
Kraft und Geduld gibt, die Du nicht findest,
solange Du Deine Achtsamkeit immer nur auf
die Außenwelt lenkst.

Außerdem hat Meditation wunderbare,
wissenschaftlich erwiesene Auswirkungen auf
die Gehirnfunktionen. Es gibt übrigens, falls
Dir die Atembeobachtung so gar nicht zusagt,
auch andere Möglichkeiten für geführte
Meditationen.

Hierzu kannst Du Dich zum Beispiel bei
youtube.de umschauen und nach Meditationen
suchen, die Dir ganz persönlich helfen und
vielleicht sogar speziell auf ein besseres
Selbstvertrauen zugeschnitten sind.

➤**Werde zum Ja-Sager.** Vielleicht erwischst Du Dich immer wieder dabei, dass Du Angebote, Einladungen oder Herausforderungen ablehnst, weil Du sie Dir nicht zutraust oder weil sie Dich verunsichern. Nun übe, nicht immer sofort abzulehnen, sondern Dich selbst kurz zu stoppen und erst nachzudenken, was Dich von einem „Ja" abhält. Hast Du Angst? Wovor? Bist Du unsicher? Warum? Reflektiere Deinen Grund für das Nein.

Wenn Du herausfindest, dass Du einfach Angst vor unguten Erfahrungen hast, dann ändere Deine Strategie und sage „Ja, okay, ich versuche es!". Du kannst Dir auch Auswege zurechtlegen, sollte die neue Situation Dich dann wirklich überfordern. Ein Beispiel: Der neue sympathische Nachbar lädt Dich zu seiner Einzugsparty ein, wo

Du keinen Menschen kennen wirst, nicht
einmal wirklich den Gastgeber. Normalerweise
lehnst Du ein solches Angebot ab, weil es Dich
verunsichert. Nun sagst Du aber „Ja" und gehst
hin. Möglichkeit 1: Du kannst Dir eine
erfundene Geschichte überlegen, die Du
angibst, weshalb Du nach einer Stunde wieder
gehen musst.

So verschaffst Du Dir eine übersichtliche
Zeitspanne, in der Du Dich Deiner
Unsicherheit stellst. Möglichkeit 2: Sage zu und
frage direkt nach, ob Du Deine/n
Partner/Freund/Schwester auch mitbringen
kannst.

So sorgst Du dafür, nicht ganz alleine dorthin
gehen zu müssen. Möglichkeit 3: Jedes Mal,
während Du an dem fremden Tisch sitzt und
Dich inmitten all dieser Menschen alleine oder

unsicher fühlst, lege Deine Hand auf Deine
Brust und atme tief ein und aus.

Versuche, bei Dir zu bleiben und nicht in erster
Linie dafür zu sorgen, dass Du Dich anpasst
und hinter einer Maske versteckst, die Dein
wahres Ich verbirgt. Je mehr Du bei Dir bist
und Dich authentisch verhälst, desto eher
ziehst Du auch Menschen an, die sich für Dich
interessieren.

➤**Setze Grenzen und sage „Nein".** Die
folgende Übung klingt nun vielleicht etwas
widersprüchlich, wenn Du gerade gelesen hast,
dass Du öfter mal Ja sagen sollst. Nun sollst Du
öfter mal Nein sagen?

Richtig. Und da bleiben wir der Einfachheit halber zur Erklärung bei unserem Nachbar-Party-Beispiel.

Es ist an dieser Stelle unbedingt wichtig, dass Du Dir darüber im Klaren bist, warum Du etwas ablehnst. Lädt Dich Dein neuer Nachbar ein und Du findest ihn sehr unsympathisch oder Dir ist einfach nicht danach, mit ihm Deine Zeit zu verbringen, dann ist es natürlich sehr wichtig, dass Du auf Deine innere Stimme hörst.

Auch, wenn Du Angst davor hast, aufgrund Deiner Absage anschließend ausgeschlossen oder abgelehnt zu werden. Es erfordert oft sehr viel Selbstvertrauen, Nein zu sagen, wenn Dir etwas widerstrebt. In einer solchen Situation wird nicht nur Dein Vertrauen in Dich gefordert, sondern auch Dein Vertrauen in das Leben.

Du wirst bei jedem Mal merken, dass nichts Dramatisches geschieht, wenn Du anderen Menschen Deine Grenzen zeigst und Nein sagst. Wenn der Chef Dir zum x-ten Mal Überstunden aufbrummt oder Urlaubstage streicht, dann ist es elementar wichtig, dass Du Grenzen setzt und diese nach außen hin vertrittst.

Du wirst merken, wie schnell Dein Selbstvertrauen wächst, wenn Du nicht nur körperlich, sondern auch innerlich Haltung zeigst und zu Dir stehst.

➤Spreche fremde Menschen an. Egal, ob Du nach der Uhrzeit fragst oder ein Kompliment machst, versuche jeden Tag ein Mal, einen fremden Menschen anzusprechen. Auch, wenn Du Hilfe brauchst, ist dies eine gute Möglichkeit, Deine Komfortzone zu verlassen.

Mit dieser Übung verlässt Du Dein Schneckenhaus und zeigst Dich, auch wenn es Dir anfangs unangenehm sein wird. Das Gute daran ist, dass Dir absolut nichts passieren kann, denn Du bewegst Dich in einem zeitlich sehr begrenzten und emotional sicheren Rahmen.

Achte immer darauf, zu Deinem jeweiligen Gegenüber Blickkontakt zu halten, während Ihr miteinander kommuniziert.

Mit jedem Mal wird es Dir leichter fallen, jemanden anzusprechen und somit die Angst vor Ablehnung oder Ähnlichem abzubauen.

➤Messe Deinen Erfolg nur an Deinem eigenen Maßstab. Wenn Du wieder einmal feststellst, dass jemand anderes augenscheinlich stärker, witziger, mutiger, schöner, lockerer, zuverlässiger, klüger oder sonst etwas ist, dann stoppe sofort Deine Gedanken. Mache Dir bewusst, dass Du Dich gerade mit einer Person vergleichst, die nicht Du bist.

Und es ergibt absolut keinen Sinn, Dich mit jemand zu vergleichen, der nicht *Du* bist. Jeder andere Mensch hat eine andere Geschichte, andere Voraussetzungen, andere Erfahrungen, andere Stärken, andere Schwächen, einen anderen Lebensweg und ist dadurch nicht mit Dir vergleichbar.

Mag ja sein, dass Dein Freund in den letzten zwei Monaten fünf Kilogramm abgenommen hat, und Du das bisher nicht geschafft hast. Mag sein, dass Dein Kumpel den besser bezahlten Job hat als Du. Was für Dich jedoch zählt ist, was Du bereits geschafft hast in Deinem Leben.

Wenn Du heute 1,5 Kilogramm weniger wiegst als vor zwei Monaten und Du somit erfolgreich etwas Übergewicht verloren hast, dann darfst Du darauf stolz sein.

Wenn Du einen Job hast, den Du gerne machst und Du Dich darauf erfolgreich beworben hast, dann ist dies Dein Weg und hat nicht viel mit dem Gehaltszettel zu tun. Besinne Dich eher darauf, was Du alles gemeistert hast, um diesen Beruf nun ausüben zu können.

Dein Maßstab bist immer nur Du selbst, niemals jemand anderes. Richte Deinen Blick immer wieder auf Deine bereits erreichten Erfolge und vergleiche Dich nur mit Deinem früheren Ich, nicht mit einem anderen Menschen.

➤Richte Dich nach realistischen Zielen aus. Genauso unbefriedigend und unklug, wie sich mit anderen Menschen zu vergleichen, ist es, die Ziele von anderen Menschen erreichen zu wollen. Es ist, entgegen so mancher Aussage, nicht für jeden Menschen möglich, alles im Leben zu erreichen.

Ein Mensch, der im Rollstuhl sitzt, wird kein Schnellläufer werden. Ein Mensch, der grundlegend introvertiert ist, wird nicht zur Rampensau mutieren.

Ein Mensch, der vier Kinder hat, wird sich nicht komplett frei und unbesorgt alleine auf eine Weltreise begeben können. Wenn Du anfängst, Dir Ziele zu setzen, die andere Menschen erreicht haben, läufst Du Gefahr, an Deinem eigenen Glück vorbeizulaufen.

Du wirst höchstwahrscheinlich Misserfolge ernten und somit kein Selbstvertrauen aufbauen, sondern Dich selbst demotivieren. Setze Dir also Ziele, die für Dich und Deine Lebensumstände realistisch erreichbar sind. Ein Rollstuhlfahrer kann ein bewundernswerter Sportler werden, ohne zu laufen. Ein introvertierter Mensch kann für freudvolle und lustige Gespräche innerhalb der Familie sorgen.

Ein Mensch mit vier Kindern kann sich kleine und regelmäßige Auszeiten nehmen und zuverlässige Babysitter suchen. Überlege Dir, woher Du kommst und wohin Du willst, was also Deine Bedürfnisse und Träume sind. Dann schreibe Dir auf, welche Schritte notwendig sind, um Dein Ziel zu erreichen. Nun gehe los. Schritt für Schritt.

➤**Belohne Dich für Erfolge.** Wenn Du Dir etwas vorgenommen und Dein Ziel erreicht hast, dann belohne Dich dafür. Du kannst dies auch, als Motivationshilfe nutzen, indem Du Dir schon vorher bewusst machst, was Du bekommst, wenn Du Deine Angst überwindest.

Das kann ein Wellenessabend, ein schönes Stück Deines Lieblingskuchens, ein neues Kleidungsstück, Deine Lieblingspizza oder alles andere sein, was Dich glücklich macht. Dadurch erkennst Du Deine Leistung an und gönnst Dir etwas, was Du Dir nicht täglich leistest.

Du bist gut zu Dir und festigst somit die innere Freundschaft mit Dir und Anerkennung für Dich selbst.

Pflege Dich, auch wenn Du es nicht „verdient" hast. Ja, richtig gelesen. Wenn Du Dich mies, schuldig, dumm fühlst, krank oder traurig bist, dann tu' Dir etwas Gutes. Höre auf, Dich selbst zu bemitleiden oder Dich

niederzumachen, beides hilft Dir überhaupt
nicht weiter.

Wenn Du dafür sorgen willst, dass Du mehr
Selbstvertrauen kultivierst, dann solltest Du
auch lernen, gut zu Dir zu sein, wenn Du mal
keine Heldentat vollbracht hast. Der
Grundbaustein für Selbstvertrauen ist
Selbstliebe und die brauchst Du dann am
nötigsten, wenn sie Dir am unmöglichsten
scheint. Gibt Dir selbst also Liebe und sorge für
Dich.

Je öfter Du geduldig und liebevoll mit Dir
umgehst, desto mehr wird sich diese Art der
Behandlung in Dir verfestigen. Übrigens
strahlst Du diese Haltung dann ganz
automatisch aus, was dazu führt, dass Du

Menschen anziehen wirst, die es ebenfalls gut
mit Dir meinen.

➢Lerne aus Deinen Fehlern. Wenn ein
Musiker auf der Bühne sich mal verspielt und
auch mal aus dem Takt kommt, ist das völlig
OK, er darf nur eins nicht - und das aufhören
zu spielen.

Man kann es auch noch anders Ausdrücken,
indem man sagt:

hinfallen ist keine Schande, nur liegenbleiben.

*Unter Wasser tauchen aber nicht unter
Wasser bleiben.*

Diese ganzen Beispiele sollen Dir nur eins vermitteln. Jeder Mensch macht Fehler, kein Mensch ist Perfekt, aber eins sollte man niemals machen und das ist aufgeben.

Gib niemals auf nach einem Fehler oder einer Niederlage, sondern blicke positiv nach vorne.

Dadurch, dass Du Dir selbst vergibst und aus Deinen Fehlern lernst, zeigst Du Dir selbst, dass Du Dich liebst und wertschätzt.

Es hat daher auch mit Wertschätzung und Selbstliebe zu tun, sich selbst zu verzeihen und nachsichtig zu sein.

Hierfür gibt es eine wunderbare Übung.

DIE SPIEGEL-ÜBUNG:

Stellen Sie sich vor einen Spiegel und sagen Sie sich: *„Du und ich, wir zwei sind die besten Freunde. Wir machen alles zusammen. Du bist toll, so wie du bist. Ich mag dich. Sicher machst du auch Fehler.*

Die machst du aber nicht absichtlich, sondern nur, weil du gerade nicht weißt, dass du einen Fehler machst. Würdest du das wissen, würdest du es mit Sicherheit anders machen. Deswegen mag ich dich so. Sei nicht zu hart zu dir selbst. Du bist gut.“

Mein Vater hat es mit dieser Spiegel-Übung sogar geschafft, mit dem Rauchen aufzuhören. Er hat sich jedes Mal, wenn er das Verlangen nach einer Zigarette hatte, sich vor einen

Spiegel gestellt und gesagt „du und ich wir beide schaffen das".

Warum sollte diese Übung nicht auch helfen, ein positives Selbstwertgefühl zu entwickeln. Wenn Du an Dir zweifelst oder Dir unsicher bist, dann kannst Du Dich auch vor einen Spiegel stellen und Dir sagen „du und ich, wir beide, schaffen das!".

Sollten Du es nicht schaffen was Du Dir vorgenommen hast, so weißt Du, dass Du aus Deinen Fehlern lernen kannst und dies auch darfst. Erlauben es Dir einfach. Wer sagt, man muss perfekt sein? Jeder Meister fängt klein an.

Ich habe zum Beispiel einmal Taekwondo gelernt und es war wirklich schwierig am

Anfang bei den Übungen mitzuhalten. Bei meinem Tanzkurs zur Hochzeit später war es das gleiche.

Man hat so perfekte, schöne Abläufe aber zwei linke Füße, die einfach nicht das machen was man möchte. Jedoch wurde es immer besser - Schritt für Schritt. Es wurde besser, weil ich geübt habe und aus meinen Fehlern gelernt habe. Wer sagt eigentlich, dass das im Leben nicht anders als bei einem Tanzkurs sein soll?

Übung macht den Meister. Und zur Übung gehört es dazu, Fehler zu machen und daraus zu lernen. Sich selbst zu verbieten Fehler zu machen, das mag zwar ethisch oder moralisch durchaus verlockend sein, hilft Dir aber auch nicht weiter, wenn Du doch einen Fehler gemacht hast.

Wo gehobelt wird da fallen Späne. Lasse also Dein Selbstwertgefühl nicht darunter leiden, dass mal etwas nicht so geklappt hat, sondern sei zuversichtlich, dass Du daraus lernen wirst und es künftig besser machen wirst. Ich möchte Dich dazu bewegen, dass Du Dich nicht ärgerst, wenn Du einen Fehler gemacht hast.

Ärger bringt einen nämlich nicht nach vorne und kostet viel Energie. Wenn manchmal etwas schiefläuft, ist es möglicherweise auch gar nicht Deine Schuld gewesen.

Erfolgreiche Menschen neigen dazu, bei Misserfolgen die Fehler in ihrer Umgebung zu suchen und bei Erfolgen machen sie sich selbst dafür verantwortlich. Bei Menschen mit einem geringen Selbstwertgefühl ist es genau umgekehrt:

wenn etwas gut läuft, dann liegt es an der Umwelt, die es vermeintlich gut meint, wenn etwas schlecht läuft, dann ist man selbst Schuld gewesen.

Wie eingangs erwähnt, ist es immer gut sich selbst zu hinterfragen, allerdings darf man sich dabei nicht zu lange mit der Fehleranalyse aufhalten und sich zu sehr fertig machen.

Verurteilen Dich nicht zu hart, denn Du weißt ja, es ist noch kein Meister vom Himmel gefallen.

„Aus Fehlern wird man klug, drum ist einer nicht genug!" Dieser Spruch hat mich Zeit meines Lebens begleitet. Man könnte auch sagen: *„Irren ist menschlich"*. Und meiner Meinung nach ist Vergebung auch menschlich.

Wenn Du Dich nun fragst, wieso ich so häufig mit Redewendungen komme, so hat es damit zu tun, dass Du sehen kannst, wie weit diese Erkenntnisse und Weisheiten verbreitet sind. Insofern möchte ich Dir mit der letzten Zusammenfassung dieses Buches einige Redewendungen abschließend mit auf den Weg geben.

Die Übung lautet: Frage Dich selbst, wie diese Sprichwörter mit einer positiven Fehlerkultur Dein Selbstwertgefühl positiv beeinflussen werden.

Schlusswort

Merke: Wir sehen also, dass sich Selbstvertrauen und Selbstliebe auf alle Bereiche des Lebens auswirken. Abschließend kann man sagen, dass ein Mensch mit Selbstvertrauen weniger abhängig von der Außenwelt und deren Bewertungen ist, denn er traut sich etwas zu und weiß um seinen Wert als Mensch.

Menschen ohne Selbstvertrauen verbauen sich womöglich unbewusst ihren Lebensweg und sehen Grenzen, wo gar keine sind.

Das ist wirklich schade, kann jedoch verändert werden, indem man sich sein mangelndes Selbstvertrauen anschaut und überprüft, ob die

Grenzen des Möglichen tatsächlich bestehen oder nur im eigenen Denken vorhanden sind.

Es ist vielleicht kein ganz einfacher Weg, Dich aus alten Denkmustern zu befreien und neue Wege in Richtung Selbstvertrauen zu gehen. Wenn Du aber die Punkte in diesem Buch verfolgen und anwenden wirst, wirst Du sehr schnell eine Veränderung Deiner inneren Kraft spüren.

Je mehr Du Dich mit Deinen Glaubenssätzen und den daraus resultierenden Mechanismen auseinandersetzt, desto freier kannst Du Dich davon machen und ein Leben führen, das Du als glücklich und wertvoll empfindest. Es ist ein großer Schritt in die Eigenermächtigung, der Dir zeigen wird, wie viel Potenzial in Dir steckt.

Möglicherweise wirst Du Dich in einigen Monaten fragen, wieso Du nicht schon viel früher den Job gewechselt/das neue Hobby angefangen/die ungute Freundschaft beendet hast. Ein gesundes Selbstvertrauen öffnet Dir Türen, wo Du vorher nur eine Wand gesehen hast.

Du darfst mutig Deinen Weg gehen und Dich immer wieder fragen „Was würde ich nun zu meinem besten Freund/meiner besten Freundin sagen? Was würde ich ihm/ihr raten?" und dann sage Dir diese Dinge selbst. Ermutige Dich.

Es gibt keinen Menschen auf der Welt, der Dir näher steht, als Du selbst und keinen, der für Deine Erfolge zuständig ist. Mach' was aus

diesem schönen Leben und traue Dir zu, dass
Du Deine Ziele erreichst.

Leoni Herzig

Folgende Bücher könnten Dich auch noch interessieren:

Der Schlüssel zur Selbstliebe

DIE MACHT DER KÖRPERSPRACHE
LÜGEN ERKENNEN UND LESEN LERNEN
MENSCHEN ENTSCHLÜSSELN UND DURCHSCHAUEN
KÖRPERSPRACHE IM ALLTAG UND IM BERUF EINFACH NUTZEN
KÖRPERSPRACHE RICHTIG VERSTEHEN UND EINSETZEN
MAX KRONE

Haftungsausschluss und Impressum

Der Inhalt dieses Buches wurde mit sehr großer Sorgfalt
erstellt und geprüft.
Für die Richtigkeit, Vollständigkeit und Aktualität des
geschriebenen kann jedoch keine
Garantie gewährleistet werden.

Sowie auch nicht für Erfolg oder Misserfolg bei der
Anwendung des gelesenen.
Der Inhalt des Buches spiegelt die persönliche Meinung
und Erfahrung des Autors wider.
Der Inhalt sollte so ausgelegt werden, dass er dem
Unterhaltungszweck dient.
Er sollte nicht mit medizinischer Hilfe verwechselt
werden.

Juristische Verantwortung oder Haftung für
kontraproduktive Ausführung oder falsches

Interpretieren von Text und Inhalt wird nicht
übernommen.

Impressum

Autor: Leoni Herzig

Vertreten durch:

Markus Kober

Kreuzerwasenstraße 1

71088 Holzgerlingen

markus.kkober@gmail.com